DISCOURS

PRONONCÉ

PAR MONSEIGNEUR D'HULST

RECTEUR DE L'UNIVERSITÉ CATHOLIQUE

POUR LE MARIAGE

DE

M. le Comte de Chevry du Roure

AVEC

Mademoiselle de Saint-Phalle

5 JUIN 1884

PARIS

IMPRIMERIE DE L'ŒUVRE DE SAINT-PAUL

51 , RUE DE LILLE, 51

1884

DISCOURS

PRONONCÉ

PAR MONSEIGNEUR D'HULST

RECTEUR DE L'UNIVERSITÉ CATHOLIQUE

POUR LE MARIAGE

DE

M. le Comte de Chevry du Roure

AVEC

Mademoiselle de Saint-Phalle

5 JUIN 1884

PARIS

IMPRIMERIE DE L'ŒUVRE DE SAINT-PAUL

51 ,RUE DE LILLE, 51

1884

Mon cher enfant,

Mademoiselle,

Toute vie créée est un mélange d'effort et de faiblesse, le travail continuel d'une existence indigente qui cherche à se compléter.

L'homme n'échappe pas à cette loi. Par certains côtés il semble le plus dépourvu des êtres, car il vient en ce monde incapable de se développer et de vivre sans l'assistance multiple et la protection durable de l'éducation.

Quand il a grandi, sa force consiste à pouvoir chercher lui-même ce qui lui manque. Mais toujours il lui manque quelque chose ; son être se détruit et sans cesse il le restaure. Sa vie est une lutte contre la mort, et c'est hors de lui-même qu'il va chercher des armes pour ce combat.

Un seul être se suffit, un seul trouve en lui-même satisfaction et plénitude : c'est Celui qui n'a pas reçu d'un autre le principe de sa vie, et qui se nourrit éternellement de sa propre perfection.

Non seulement Dieu se suffit, mais ses trésors débordent. Librement sans doute, mais comme pressé par un besoin royal et magnifique de faire des heureux, Dieu sort de lui-même et se répand au dehors par la création.

Mais voici une merveille inattendue : L'homme qui

nous apparaissait tout à l'heure si pauvre, si éloigné de la richesse de Dieu, porte néanmoins sa ressemblance. En quoi consiste-t-elle ? Non pas à se suffire, puisqu'il est indigent, mais à donner lui aussi de son trop plein.

Hé quoi! ces deux contraires peuvent donc coexister en nous : l'indigence et le trop plein ? Oui, mon cœur l'atteste et il m'est aussi difficile d'en douter que de le comprendre. Ni je ne puis vivre sans emprunter ce qui me manque, ni je ne puis garder pour moi tout ce que je porte. Je réunis en moi la pauvreté de la créature et la royale opulence du Créateur ; mon âme est le miroir où se reflètent ensemble les imperfections de la nature et les perfections de Dieu.

Ce double besoin de recevoir et de donner est si bien le fond de la vie humaine, que la trace s'en retrouve dans tous nos actes : trace plus profonde et plus visible à mesure que l'acte s'élève en dignité et prend une portée plus haute. D'avance donc nous devons nous attendre à la voir apparaître éclatante et radieuse dans cet acte unique qui s'appelle le mariage ; acte qu'on peut appeler le plus humain de tous, car il est fait pour assurer la destinée de la race humaine ; mais le plus divin aussi, puisqu'il s'agit pour l'homme d'emprunter à Dieu quelque chose de son pouvoir créateur.

Les êtres inférieurs à l'homme n'obéissent qu'à une seule loi, la nécessité. C'est cette loi inflexible qui les rapproche et les maintient au rang abaissé que leur assigne la nature. Les unions humaines sont placées sous l'empire d'une loi supérieure ; la liberté du choix préside à l'élan réciproque qui porte l'une vers l'autre deux vies faites pour se compléter, et ce choix lui-même relève de la faculté la plus haute qui soit en nous, celle où paraît plus qu'en toute autre notre ressemblance avec Dieu : la faculté d'aimer.

Aimer, qu'est-ce donc ? C'est contenter son cœur ; mais comment ? Non pas de cette façon égoïste qui consiste à vouloir se compléter par l'acquisition. Aimer, c'est satisfaire le besoin noble et vraiment divin qui tourmente notre cœur : le besoin de se donner. Aimer, ce n'est pas appeler à son aide le plaisir, ou l'honneur ou l'argent ; c'est ouvrir les trésors de son âme et imiter Dieu du plus près possible dans son pouvoir privilégié de faire des heureux.

Voilà pourquoi le mariage est divin. Dieu seul a pu tracer le dessein d'une institution qui dépasse de si haut la portée commune des actions humaines. Voyez les autres contrats qui s'échangent entre les hommes : ils ont pour objet des intérêts ; ici il se traite d'affection et de dévouement. Les autres contrats ne nous lient que par un côté ; celui-ci prend deux vies tout entières et ne laisse rien en dehors de son étreinte. Les autres contrats sont limités ou révocables ; celui-ci est inviolable et perpétuel, et ce n'est pas l'audacieuse impiété des hommes qui rendra légitime la dissolution d'un nœud que Dieu même a tressé.

Ah ! oui, vraiment il y a ici quelque chose qui est fait pour l'homme, mais qui n'est pas fait par lui. L'auteur de notre être, le créateur de la famille et de la société est aussi l'instituteur du mariage ; et je m'explique alors qu'il s'en soit emparé, dès l'origine, sans l'abandonner, même un seul instant à la vulgarité des transactions humaines, qu'il en ait fait au premier jour un contrat sacré, qu'il ait dicté lui-même au premier homme la loi du mutuel amour qui devait présider d'âge en âge aux unions de ses enfants.

Qu'importent les altérations introduites par le crime des hommes dans l'institution qui vient de Dieu ? Le châtiment suit de près la faute. Quand la marque divine s'oblitère, le mariage s'avilit, le lien se relâche, la famille se dissout, la femme descend au rang d'esclave, le respect disparaît du foyer.

Mais Dieu ne renonce pas à son dessein. Son amour s'obstine et reprend sous une forme nouvelle l'œuvre interrompue par le péché. Voici la Rédemption qui va tout refaire dans la destinée humaine. Et comment cette réparation miséricordieuse laisserait-elle en dehors de son influence l'acte qui perpétue l'humanité ? Le mariage donc sera béni et sanctifié dans le Christ. L'alliance du Verbe avec notre nature, l'union du Verbe Incarné avec l'Église, voilà le type admirable sur lequel seront modelées désormais les alliances des hommes. Du sein du nouvel Adam endormi sur sa croix, Dieu tire, comme autrefois du flanc du premier homme, une race nouvelle, une génération pure et fière, qui porte le souvenir du ciel jusque parmi les joies de la terre et qui reçoit de son commerce avec le Rédempteur le pouvoir de sanctifier la plus humaine des tendresses.

C'est pour cela qu'en ce moment, heureux fiancés, vous êtes au pied de l'autel. Vous venez chercher ici la consécration de votre bonheur. A l'heure où la grâce sacramentelle va descendre sur votre union pour y faire entrer l'élément divin, il vous est bon d'interroger un moment le passé et d'embrasser du regard toutes les protections célestes qui ont gardé vos jeunes existences et les ont conduites jusqu'à la joie de cette rencontre.

De part et d'autre je vois deux foyers chrétiens, des traditions d'honneur et de foi, tout ce qui peut initier l'enfance au devoir et l'acheminer dans la vertu. Je vois aussi des épreuves communes ; des deux côtés une place vide, celle du chef de famille, dont la tâche, faite de sollicitude et de dévouement,

a été interrompue sur la terre, mais s'est continuée,
nous n'en doutons pas, par ces douces influences
qui viennent du ciel.

Pour vous, Mademoiselle, l'apprentissage de la vie
s'est fait dans l'alternative des joies et des peines :
rendre à une mère sa tendresse, à un frère sa douce
amitié ; accepter votre part des sacrifices généreux que
l'appel de Dieu demandait successivement à deux
sœurs bien-aimées ; prendre leur place au foyer et
aimer pour trois celle dont vous restiez la consolation
et l'espérance ; ce furent là les exercices de votre jeu-
nesse. Et vous me permettrez d'y reconnaître avec
joie le gage des vertus que vous apportez au seuil de
votre bonheur.

Et vous, mon cher enfant, vous savez ce que vous
devez à Dieu. Qui fut plus que vous entouré de tendresse ? Qui connut mieux que vous la douceur de
cette vie en commun dont une famille unie offre l'in-
comparable spectacle ? Hélas ! un vide cruel s'est fait
naguère à ce foyer. A de grandes douleurs qui vous
sont communes avec tous les vôtres, s'ajoutent pour
vous de grands devoirs. Tout jeune, vous êtes chef.
Votre père dont la ferme raison ne peut plus diriger
vos voies, votre frère dont la séduisante figure a dis-
paru comme un rêve, tous ces chers absents vous ont
laissé leur tâche à finir. Il faut que vous teniez digne-
ment leur place. Il faut que vous soyez l'appui de
votre mère, qu'en vous elle reçoive sa récompense en
voyant revivre l'honneur de son nom. Dieu vous a
tout donné d'avance, tout, même ce qu'il faut d'or-
dinaire mériter laborieusement et conquérir. A vous
maintenant d'acquitter votre dette par le travail et le
dévouement, par le sérieux de la vie, par la dignité
de la conduite, par l'aménité du caractère, par la sollicitude de la charité.

8

Voici l'heure de Dieu. Sa grâce y dépose tout ce qui doit vous faire dignes tous deux de votre bonheur.

C'est la joie de mon amitié, c'est l'honneur de mon ministère d'être aujourd'hui pour vous l'organe de cette bénédiction solennelle qui consacre les unions chrétiennes.

La bénédiction est un souhait de Dieu. Elle ne peut pas être stérile.

Au nom de Dieu et en sa vertu, je souhaite à l'époux la douceur dans l'autorité, l'abnégation dans le dévouement, le souci constant d'appuyer la parole par l'exemple.

Je souhaite à l'épouse la soumission joyeuse, la tendresse qui s'oublie et se prodigue, la sollicitude aimable qui garde pour soi la peine et répand autour de soi la gaieté.

Je souhaite à l'époux et à l'épouse la fermeté dans la foi, l'assiduité à la prière, l'usage discret des avantages terrestres, la charité qui les consacre à Dieu, la modération dans les joies, la résignation dans les peines, l'espérance chrétienne qui nous rend supérieurs aux biens et aux maux de ce monde par l'attente du seul bonheur qui ne passe pas.

Qu'elle descende donc sur vous, pleine de ces souhaits, la bénédiction qui vient de Dieu ! Qu'elle s'étende sur votre union pour la pénétrer de sa douceur, qu'elle visite votre foyer pour y faire grandir dans la vertu et dans l'honneur les héritiers des traditions dont vous avez reçu le dépôt ! Et qu'un jour ceux à qui vous l'aurez transmis soient à leur tour votre couronne, dans le temps et dans l'éternité !

Amen.

Saint-Philippe du Roule,
5 juin 1884.